全国统一电力市场发展规划
蓝皮书

《全国统一电力市场发展规划蓝皮书》编写组　组编

中国电力出版社
CHINA ELECTRIC POWER PRESS

图书在版编目（CIP）数据

全国统一电力市场发展规划蓝皮书 /《全国统一电力市场发展规划蓝皮书》编写组组编 . -- 北京：中国电力出版社，2024. 12（2025. 3重印）. -- ISBN 978-7-5198-9478-8

I. F426.61

中国国家版本馆 CIP 数据核字第 2024HG1094 号

出版发行：中国电力出版社
地　　址：北京市东城区北京站西街 19 号（邮政编码 100005）
网　　址：http://www.cepp.sgcc.com.cn
责任编辑：苗唯时　王蔓莉（010-63412791）
责任校对：黄　蓓　常燕昆
装帧设计：郝晓燕
责任印制：石　雷

印　　刷：三河市万龙印装有限公司
版　　次：2024 年 12 月第一版
印　　次：2025 年 3 月北京第二次印刷
开　　本：787 毫米 × 1092 毫米　16 开本
印　　张：3.75
字　　数：34 千字
印　　数：2501—4500 册
定　　价：45.00 元

前　言

　　建设全国统一电力市场是构建全国统一大市场的重点任务，是高水平社会主义市场经济体制在能源领域的重大实践。2014 年，在中央财经领导小组第六次会议上，习近平总书记提出"四个革命、一个合作"能源安全新战略，为深化电力体制改革提供了遵循。2024 年，党的二十届三中全会通过《中共中央关于进一步全面深化改革、推进中国式现代化的决定》，提出要"聚焦构建高水平社会主义市场经济体制，充分发挥市场在资源配置中的决定性作用""深化能源管理体制改革，建设全国统一电力市场"，为我国统一电力市场建设发展指明了方向。

　　近年来，我国电力市场化改革成效显著，电力市场交易规模快速扩大，多层次电力市场体系建设有序推进，多元竞争主体格局初步形成，电力商品的多元价值属性进一步显现，电力市场监管体系更加健全，电力市场在资源配置中的作用不断提升。

　　"双碳"目标下，我国正在加快构建新型电力系统，风、光等新能源已成为新增装机主体，发电量占比逐年提高，电力系统的物理形态和运行特征正在发生深刻变化。同时，一次能源价格波动、用电负荷增长、气候变化等多重影响，对我国电力体制改革顶层设计、电力市场体系建设、电价机制完善及科学监管等提出了更高要求。

为深入贯彻党的二十届三中全会精神，落实全国统一电力市场建设改革任务，在国家能源局的统筹组织下，中国电力企业联合会积极发挥行业协会作用，国家电网有限公司、中国南方电网有限责任公司、中国华能集团有限公司、中国大唐集团有限公司、中国华电集团有限公司、国家能源投资集团有限责任公司、国家电力投资集团有限公司、中国长江三峡集团有限公司、中国广核集团有限公司、中电建新能源集团股份有限公司、北京电力交易中心、广州电力交易中心、国网能源研究院、中国电力科学研究院、电力规划设计总院、水电水利规划设计总院、东南大学、华北电力大学等20余家单位参与，共同编制了《全国统一电力市场发展规划蓝皮书》，并面向全社会广泛征求了意见。本书系统总结我国电力市场建设取得的成就，深入分析面临的形势及挑战，研究适合我国国情和市场建设客观要求的发展规划思路和建设目标，提出下一步深入推进全国统一电力市场建设的路径和任务。

目　录

一、发展现状与问题挑战

▶ （一）发展现状

近年来，我国电力市场建设成效显著，体制机制不断完善，改革红利不断释放，资源配置进一步优化，电力市场在提升电力系统清洁低碳、安全高效水平方面的作用愈发明显。全国统一电力市场建设为加快构建新型能源体系、支撑经济社会高质量发展注入了新的活力和动力。

全国统一的电力市场规则体系基本建立。中共中央、国务院部署新一轮电力体制改革以来，我国电力市场化建设快速推进，《关于进一步深化电力体制改革的若干意见》（中发〔2015〕9 号）、《关于印发电力体制改革配套文件的通知》（发改经体〔2015〕2752 号）、《关于加快建设全国统一电力市场体系的指导意见》（发改体改〔2022〕118 号）等电力体制改革、电力市场顶层设计政策文件相继出台。《电力市场运行基本规则》（国家发展改革委 2024 年第 20 号令）及《电力中长期交易基本规则》（发改能源规〔2020〕889 号）、《电力现货市场基本规则（试行）》

（发改能源规〔2023〕1217号）、《电力市场信息披露基本规则》（国能发监管〔2024〕9号）、《电力市场注册基本规则》（国能发监管规〔2024〕76号）等基本规则陆续完成制修订，逐步构建起全国统一电力市场"1+N"基础规则体系。

图1-1　全国统一电力市场"1+N"基础规则体系

电力市场总体框架基本形成。目前，我国已初步形成"管住中间、放开两头"的体制架构，基本建成"统一市场、协同运作"的电力市场总体框架。电力市场在空间范围上覆盖省间、省内，在时间周期上覆盖多年、年度、月度、月内（旬、周、多日）和日前、日内现货交易，在交易标的上覆盖电能量、辅助服务等交易品种。市场间的协同运作水平不断提升，为促进资源大范围优化配置和能源清洁低碳转型提供了市场机制。

电力市场运营服务基础逐步完备。目前，全国电网已经实现了互联互通（除台湾地区外），电网网架结构、配置能力全面跨越提升，西电东送输电能力超过3亿千瓦，为能源资源大范围配置提供了有力支撑。全国已建立2个区域性交易机构和33

图 1-2　闽粤电力联网工程

图 1-3　电力交易中心交易大厅

个省（区、市）交易机构，并实现独立规范运行，各电力交易机构依托电力交易平台开展相关业务，电力交易平台建设持续深化。

电力价格主要由市场决定的机制初步建立。 深化上网电价改革，放开竞争性环节价格，不断完善电力价格形成机制。开展输配电价成本监审、建立容量电价机制，科学反映电力成本变化和电力商品多元价值，更加适应新型电力系统构建要求。《关于进一步深化燃煤发电上网电价市场化改革的通知》（发改价格〔2021〕1439号）要求燃煤发电和工商业用户全部进入电力市场，建立了市场化的价格机制。目前，我国已形成跨省跨区专项工

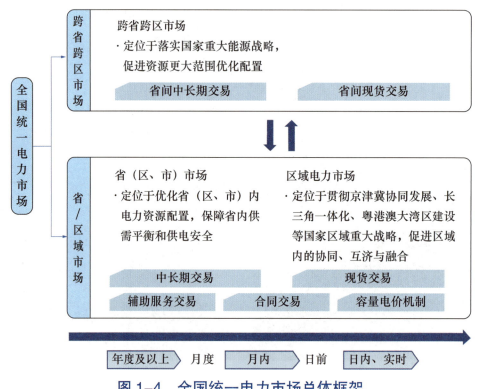

图 1-4　全国统一电力市场总体框架

程、区域电网、省级电网三级输配电价体系，输配电价成本监审工作有序推进。《关于第三监管周期省级电网输配电价及有关事项的通知》（发改价格〔2023〕526号）进一步完善市场化环境下用户侧的电价构成和形成机制。《关于建立煤电容量电价机制的通知》（发改价格〔2023〕1501号）建立了容量电价机制，实行煤电两部制电价政策，更加适应煤电向基础保障性和系统调节性电源并重转型的新形势，助力"双碳"目标的实现。

国家发展和改革委员会
国家能源局文件

发改价格〔2023〕1501号

国家发展改革委 国家能源局关于
建立煤电容量电价机制的通知

各省、自治区、直辖市、新疆生产建设兵团发展改革委、能源局，国家能源局各派出机构，中国华能集团有限公司、中国大唐集团有限公司、中国华电集团有限公司、国家电力投资集团有限公司、国家能源投资集团有限责任公司、国家开发投资集团有限

图1-5　2023年11月，国家发展改革委、国家能源局印发《关于建立煤电容量电价机制的通知》

电力市场规模持续增长。《关于进一步深化燃煤发电上网电价市场化改革的通知》（发改价格〔2021〕1439号）以及《关于组织开展电网企业代理购电工作有关事项的通知》（发改办价格〔2021〕809号）印发以来，我国发用电计划进一步放开，电力市场交易规模不断扩大。2023年，全国各电力交易中心累计组织完成市场交易电量5.67万亿千瓦时，同比增长7.9%，占全社会用电量比重为61.4%，占售电量比重超过75%。市场规模自2016年起，8年增长了近5倍，全社会用电量市场化率提高40个百分点。全国跨省跨区市场化交易电量接近1.2万亿千瓦时，市场促进电力资源更大范围优化配置的作用不断增强。

经营主体数量快速增长，市场开放度、活跃度大幅提升。截至2023年底，全国电力市场累计注册经营主体74.3万家，同

图1-6　2016年—2023年全国电力市场交易规模

比增长 23.9%。其中，发电企业 3.3 万家，电力用户 70.6 万家，售电公司 4074 家。各类经营主体市场参与度和技术能力不断提升，电力市场活跃度进一步提高。

表 1-1　经营主体数量对照表

经营主体	2016 年	2023 年	增长
发电企业	2.6 万家	3.3 万家	27%
电力用户	1.5 万家	70.6 万家	46 倍
售电公司	327 家	4074 家	11 倍

电力市场功能作用不断增强。电力中长期市场已在全国范围内基本实现常态化运行，中长期交易规模持续增长，2023 年全国中长期交易电量占市场交易电量比重的 90% 以上，中长期合同履约率超过 96%，成交价格平稳，充分发挥了电力中长期交易保供稳价的基础作用。中长期市场在省间、省内全覆盖基础上正逐步转入连续运营，10 余个省份已实现按工作日连续开市，省间多通道集中优化出清交易转正式运行，跨省跨区交易方式更加灵活。省内中长期市场以年度交易为主、月度交易为辅，月内交易频率逐步提高，部分省份探索开展了 D-3 或 D-2 交易。交易时段划分更加精细，多个省份实现了中长期合同按照 24 时段签约电力曲线，通过分时段的交易机制和价格信号，引导经营主体主动响应系统峰谷变化，提升资源配置效率。

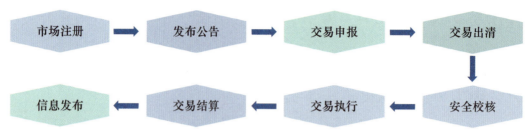

图 1-7　经营主体参与中长期市场交易流程

电力现货市场进入转正式阶段。《电力现货市场基本规则（试行）》（发改能源规〔2023〕1217号）、《关于进一步加快电力现货市场建设工作的通知》（发改办体改〔2023〕813号）等文件印发以来，电力现货市场建设进一步加快推进。山西、广东、山东、甘肃和省间电力现货市场陆续转入正式运行，蒙西、湖北、浙江等试点持续开展连续结算试运行，南方区域电力市场开展多轮结算试运行。各地区积极探索实践，电力现货市场建设正从试点逐步走向全国。从各地现货市场运行情况来看，现货市场电力价格信号能够充分反映不同时段和不同地点的电力供需水平，发用两侧主体主动响应价格信号，发挥了削峰填谷作用。

表 1-2　电力现货市场建设进展情况

现货市场进展	地区
转入正式运行	省间现货 山西、广东、山东、甘肃
连续结算试运行	蒙西、湖北、浙江、福建
长周期结算试运行 （整月及以上）	南方区域 江苏、安徽、河南、辽宁、湖南、河北南网、陕西、四川、宁夏、重庆

续表

现货市场进展	地区
结算试运行	江西、青海、吉林、上海
模拟试运行（含调电）	黑龙江、新疆

注：统计时间截止到 2024 年 11 月。

图 1-8　省间电力现货市场转入正式运行

电力辅助服务市场基本实现全国覆盖。2021 年国家能源局修订发布《电力并网运行管理规定》（国能发监管规〔2021〕60 号）和《电力辅助服务管理办法》（国能发监管规〔2021〕61 号），进一步规范了电力辅助服务管理。市场化交易的辅助服务品种不断拓展，初步建立市场引导的辅助服务资源优化配置机制，形成以调峰、调频、备用等交易品种为核心的区域、省级辅助服务市场体系，实现了市场对资源的优化配置，对保障电力系统安全稳定运行、促进新能源消纳、降低系统调节成本发挥了积极的作用。

部分地区积极推动辅助服务市场机制创新，积极探索辅助服务市场与现货市场协同运行，引导独立储能、虚拟电厂、负荷侧可调节资源等新型主体参与辅助服务市场，取得了良好效果。

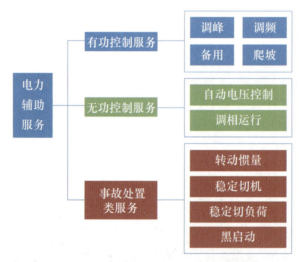

图 1-9　电力辅助服务品种

电力市场绿色消纳机制逐步建立。为适应新能源大规模发展需要，新能源入市节奏进一步加快。2023 年，全国新能源市场化交易电量达 6845 亿千瓦时，占全部新能源发电的 47.3%。部分大型发电企业新能源参与市场比例已超过 50%。积极构建绿电、绿证市场体系，印发《电力中长期交易基本规则—绿色电力交易专章》（发改能源〔2024〕1123 号）、《可再生能源绿色电力证书核发和交易规则》（国能发新能规〔2024〕67 号），不断完善交易机制，促进绿电、绿证交易规模不断扩大。2024 年上半年全国绿电交易电量达到 1519.3 亿千瓦时，交易绿证 1.6 亿个。

图 1-10　第 19 届亚运会和第 4 届亚残运会绿电交易签约仪式

图 1-11　2023 年中国绿色电力（绿证）消费 TOP100 企业发布现场

图 1-12　第六届亚太能源监管（APER）论坛召开，标志着电力市场建设与监管成为国际能源交流合作的重要方面

电力市场监管体系日趋完善。着力推动全国统一电力市场建设，持续加强电力市场顶层设计与市场监管体系建设，制修订《电力市场监管办法》（国家发展改革委 2024 年第 18 号令）、《全额保障性收购可再生能源电量监管办法》（国家发展改革委 2024 年第 15 号令）、《电网公平开放监管办法》（国能发监管〔2021〕49 号）、《国家能源局关于进一步加强电力市场管理委员会规范运作的指导意见》（国能发监管〔2023〕57 号）等文件，进一步适应电力市场监管新形势。强化电力市场监管工作，在持续深化常规监管工作基础上，定期开展电力领域综合监管，针对电力市场秩序、分布式光伏备案、调节性电源建设等重点问题开展专项监管，严肃查处违法违规行为，维护公平竞争的市场秩

序，保障市场成员合法权益。不断推进数字化监管能力建设，研究建立电力市场数字化监管指标体系，部分省份已初步建立数字化监管平台，监管效能进一步提升。市场监督评价机制进一步健全，逐步形成了市场成员自律和社会监督机制，市场管理委员会作为独立于电力交易机构的自治性议事协调机制，在市场监督、规范市场运作方面发挥了重要作用，与运营机构市场监测、监管机构专业监管共同构成电力市场运行"三道防线"。电力市场经营主体信用信息共享基本实现，信用评价体系进一步完善并积极探索实践。

电力交易人才队伍建设加速推进。"电力交易员"作为新职业正式纳入《国家职业分类大典》，《电力交易员国家职业标准》正式发布，职业培训、认证、竞赛体系不断完善。中国电力企

图 1-13　电力交易员纳入中华人民共和国职业分类大典

业联合会于 2023 年成功举办首届国家级电力交易员职业技能竞赛，24 家参赛单位 75 支参赛队 225 名选手参加了此次决赛，通过竞赛弘扬了工匠精神，带动了电力市场化人才队伍成长。

图 1-14　2023 年全国行业职业技能竞赛（电力交易员）比赛现场

▶ （二）问题挑战

从世界范围来看，我国的用电需求、发电装机规模、清洁能源总量位居世界前列，国内各地经济发展水平、能源资源禀赋、用电结构、经营主体市场意识等差异很大，电力市场建设复杂程度高。伴随近年来能源绿色转型加快和国际能源格局调整，低碳转型和保供稳价的压力愈发凸显，全国统一电力市场建设面临着前所未有的挑战。

多层次电力市场协同运行亟待进一步加强。我国已基本形成了跨省跨区市场和省（区、市）/区域市场协同运作的电力市场体系，但各省（区、市）/区域市场的市场框架、市场规则、交易品种、平台建设、服务管理标准均存在较大差异，市场间仍存在一定程度的交易壁垒，部分地区存在以行政手段不当干预市场的问题。受新能源快速发展和供需形势变化等因素影响，跨省跨区交易在交易价格、送受电曲线等方面存在成交困难的情况，跨省跨区交易机制亟待进一步健全。

电力市场功能和交易品种有待进一步丰富。中长期交易普遍采用的年度月度定期开市、月内按需组织的模式，难以适应新型电力系统下市场建设面临的新挑战，部分地区尚未开展中长期分时交易与分时结算，难以实现中长期市场与现货市场的有效衔接。全国现货市场建设快速推进过程中也面临各省市场规则还需根据试运行情况不断迭代，省间、省内现货市场协同运作有待进一步提升，发用双方共同参与的现货市场机制还需完善等现实挑战。电力辅助服务市场产品类型有待丰富、激励效果有待提升、参与主体有待扩容、费用疏导机制有待完善，亟需调整以满足新能源大规模接入下电力系统安全稳定运行需求。

支撑新能源大规模发展和入市的政策与市场机制仍需完善。随着新能源持续快速发展，新能源消纳压力不断增大，适应新能源出力波动性大、预测难度大特性的市场机制尚需完善，需要统筹设计适应新能源特性的市场体系和交易机制，支撑高比例新能源参与市场。此外，反映新能源环境价值的配套政策措施有待完善，对用户消费可再生能源的引导作用不足，新能源的绿色价值未充分体现。

提升系统充裕和灵活调节能力的市场机制需要创新。市场经营主体参与辅助服务市场机制需要细化设计，亟需根据系统需求及新型储能、虚拟电厂、负荷聚合商等经营主体特性进一步完善辅助服务交易机制，引导各类主体释放调节潜力。用户侧资源存在"数量庞大、非标准化"的特征，一定程度上影响用户侧可调节资源的充分利用，用户侧可调节资源参与市场的技术要求和市场设计有待完善。

电力零售市场亟待加快规范建设。当前我国零售市场整体处于建设初期，各省电力零售市场在合同管理、平台建设、信息服务、人员管理等方面存在差异，在实际运行中仍有多方面问题亟待解决和规范。

　　电力市场风险防范机制和监管体系亟待健全。我国电力系统规模庞大、结构复杂，随着电力市场化改革深入推进、新型电力系统加快构建，市场环境发生深刻变化，风险防控难度快速增长。面对可能出现的价格波动风险、经营主体履约风险、市场失灵以及违法违规行为，需要建立健全相关机制，进一步完善电力市场监管体系，采取有效措施辨识、分析、预警和处置各类风险，采用现代化监管方式，定期开展市场评估，持续提升监管效能，保障电力市场平稳运行。

二、总体要求与基本原则

▶ （一）总体要求

在建设全国统一大市场的总体要求下，立足我国能源电力资源禀赋和电力系统运行特性，处理好经济和社会、政府和市场、效率和公平、活力和秩序、发展和安全等重大关系，建成"**统一开放、竞争有序、安全高效、清洁低碳、治理完善**"的全国统一电力市场，实现全国统一基本规则、统一技术标准、统一运营监管。各类经营主体充分参与电力市场交易，形成充分反映电力商品多元价值、引导资源优化配置的价格机制，推动电力要素畅通流动、能源资源高效配置、市场潜力充分释放，以高质量电力市场建设支撑构建全国统一大市场，推动构建高水平社会主义市场经济体制。

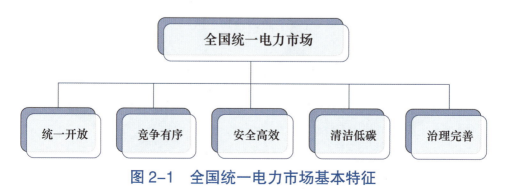

图 2-1　全国统一电力市场基本特征

"**统一开放**"是构建全国统一电力市场的首要原则。全国统一电力市场强调电力市场的整体性、开放性和协同性，通过统一市场规则、技术标准、信息平台、结算体系和监管框架等基础要素，消除省间市场壁垒，确保经营主体平等参与交易，实现全国范围内的互联互通，促进电力资源的自由流动与优化配置。

"**竞争有序**"是构建全国统一电力市场的内在要求。在统一开放的市场体系下，通过建立和完善电力市场竞争机制，公开市场信息，激发经营主体的活力，引导经营主体通过公平竞争的方式形成有效的市场价格。同时，通过强化电力市场监管，防范市场垄断和不正当竞争行为，保障市场秩序，实现电力市场的公平、公正、透明、高效运行。

"**安全高效**"是构建全国统一电力市场的基本前提。电力市场运行中要确保电力供应的安全稳定，满足经济社会发展的用电需求。同时，提高电力生产、传输、配送等环节的效率，优化电力系统运行，降低交易成本，提高电力资源的利用效率，促进电力行业的可持续发展。

"**清洁低碳**"是构建全国统一电力市场的发展方向。全国统一电力市场建设应服务于能源清洁低碳转型和"双碳"战略，通过实施可再生能源消纳责任权重机制、完善绿电绿证交易、推动电碳市场协同等方式进一步反映可再生能源绿色价值，促进能源供应的多元化和灵活性，推动传统能源体系向绿色、低碳的现代化新型能源体系转型。激励消费者主动选择绿色电力，树立全社会使用绿色能源和倡导低碳生活的共识。

"**治理完善**"是构建全国统一电力市场的重要保障。建立健全法律法规体系和市场监管体系，形成透明高效的电力市场治理结构。充分利用数字化、智能化技术提升电力市场科学监管能力，建立完善电力市场信用体系，加强信用监管，定期开展电力市场评估，提升市场透明度和规范化水平，保障电力市场健康有序运行。

▶ （二）基本原则

坚持安全可靠。立足国情，遵循电力系统运行的客观规律要求，保障发电、输电和用电的动态平衡，保障电力系统安全稳定运行和电力可靠供应，坚决守牢安全"生命线"。

坚持市场导向。进一步发挥市场在资源配置中的决定性作用，破除省间市场壁垒，持续提升供应与需求的匹配度，调动经营主体主动响应市场需求，创造更加公平、更有活力的电力市场环境。

坚持守正创新。坚持电力市场改革方向不动摇，适应电力系统的物理特性和市场运行的客观规律，因地制宜推进市场模式和市场机制创新，不断提高市场运营水平，持续提升资源配置效率。

坚持系统协调。在"统一市场、协同运作"市场框架基础上，坚持和完善统一核心规则，强化不同市场机制融合衔接，推进市场相关保障机制建设完善，稳步推进全国统一电力市场建设。

图 2-2　基本原则

三、发展目标

▶ （一）初步建成期（2024年—2025年）

到2025年，初步建成全国统一电力市场，电力市场顶层设计基本完善，实现全国基础性交易规则和技术标准基本规范统一。跨省跨区市场与省（区、市）/区域市场实现有序衔接、协同运行。电力市场化交易规模显著提高，促进新能源、储能等绿色低碳产业发展的市场交易和价格机制初步形成。监管法规和政策逐步完善，监管效能不断提升。

形成较为完备的多层次电力市场。深化省内中长期市场连续运营，推进电力现货市场建设，推动具备条件的现货市场逐步转入常态化运行，逐步实现电力中长期、现货、辅助服务市场一体化设计和联合运营。贯彻京津冀协同发展、长三角一体化、粤港澳大湾区建设等国家区域重大战略，推动区域电力市场建设，促进区域内余缺互济和资源优化配置。持续深化跨省跨区中长期市场连续运营，通过省间现货市场进行灵活互济。探索推动用户参与跨省跨区交易，逐步提高跨省跨区交易的市场化程度。进一步完善区域辅助服务市场，促进区域调节资源的共享互济。

完善电力市场交易机制。健全电能量、辅助服务、绿电绿证等交易品种体系。持续完善电能量交易品种，推动中长期市场分时段形成价格并连续运营，完善辅助服务市场价格形成机制，完善容量电价机制，健全零售市场，研究探索容量市场和输电权市场。

持续放开经营主体范围。分类推动新能源、水电、核电等发电主体进入市场；逐步缩小代理购电规模，健全代理购电市场交易机制。进一步放开分布式新能源、新型储能、虚拟电厂、智能微电网等新型经营主体参与市场交易。

有序推动新能源进入市场。明确新能源参与市场方式和路径，完善新能源保障性收购与市场化交易结合的消纳模式，探索新能源进入电力市场的合理收益保障机制。加快研究沙戈荒大基地、分布式电源参与市场的机制。进一步健全可再生能源电力消纳责任制度和绿电、绿证交易机制，引导各方合理承担新能源消纳责任及成本。

建立健全市场化电价机制。科学合理设置电能量市场限价空间，深化落实煤电容量电价机制，不断完善辅助服务价格形成机制，提升跨省跨区输电价格机制灵活性。

（二）全面建成期（2026年—2029年）

到2029年，全面建成全国统一电力市场，推动市场基础制度规则统一、市场监管公平统一、市场设施高标准联通。完善国家层面"1+*N*"基础规则体系和全国统一的技术标准，实现全国统一准入注册、统一服务规范、统一计量结算。实现省级现货市场全覆盖，新能源全面参与市场交易，促进跨省跨区市场与省（区、市）/区域市场有机融合、协同运行，推动跨省跨区电力市场化交易。全国统一电力市场功能基本完善，各类经营主体平等竞争、自主选择，电力资源在全国更大范围内得到优化配置。

形成协同运行、功能完备的多层次电力市场。省级市场实现中长期交易机制成熟完善、按日连续开市，加快推进省级各市场交易业务环节标准化运营；电力现货市场建设进一步规范、机制进一步完善，现货市场基本覆盖全国，开展现货市场的省份全面转入常态化运行，推动各类主体全面参与现货市场。完善区域电力市场建设，部分具备条件的区域可结合国家发展战略探索建立区域电力市场。逐步扩大跨省跨区市场化交易规模，推动省间现货市场与省（区、市）/区域现货市场联合运行，区域辅助服务市场更加完善。推动省间跨经营区常态化市场交易，形成国家电力市场。

电力市场功能更加完备、交易品种更加丰富。进一步完善电能量交易品种，丰富辅助服务交易品种，探索更大范围内的辅助服务资源共享和互济。深入研究容量市场机制，具备条件的地区试点建立容量市场。创新零售市场机制，引导零售侧资源参与省内、跨省跨区市场。探索建立市场化的输电权交易机制。探索开展电力期货交易。

全面放开经营主体范围。完善市场准入制度，优化新业态新领域市场准入环境。完善代理购电和保底供电机制，推动更多用户直接参与市场。分布式电源、负荷聚合商、储能和虚拟电厂等经营主体参与市场规模进一步扩大。

实现新能源全面参与市场。保障新能源合理收益的政策机制有效实施，可再生能源消纳责任权重机制进一步完善，绿色电力证书制度全面落实，绿色电力消费认证体系建立，新能源全面参与电力市场。完善绿电、绿证交易机制，持续扩大交易规模，绿证的流动性进一步提高、应用场景更加丰富，绿证价格能够更好体现可再生能源环境价值，实现社会各方共同承担可再生能源消纳责任。

深化完善市场化电价机制。完善主要由市场供求关系决定的价格机制，防止政府对价格形成不当干预。研究建立不同类型电源同台竞价机制。完善电力市场限价机制，体现电力商品多元价值的电价机制基本形成，实现系统调节成本合理分担。

▶（三）完善提升期（2030年—2035年）

到2035年，完善全国统一电力市场，支撑高水平社会主义市场经济体制的全面建成，激发全社会内生动力和创新活力。实现全国统一基本规则、统一技术标准、统一运营平台、统一市场监管。多层次市场全面融合，市场环境更加公平、更有活力，电价机制能够充分反映各类资源价值，全面实现电力资源在全国范围内的优化配置和高效利用。

形成功能完备、品种齐全的功能矩阵。基本形成电能量、容量、辅助服务、绿电绿证、输电权、电力期货等完备交易品种体系，品种设置更加适应电力市场多元目标，体现电力商品多元价值。

实现各类主体全面参与电力市场。发电侧除新兴技术发电类型及特殊政策发电项目外，全面参与电力市场。用户侧通过批发、零售市场等方式参与电力市场。形成源网荷储各类主体协同互动、自由竞争的市场格局。

新能源常态化参与电力市场机制更加健全。创新适应新型电力系统的交易品种和市场机制，保障新能源合理收益、体现新能源环境属性等相关机制充分发挥作用，实现高比例新能源场景下的电力市场高效稳定运行。

形成适应全国统一电力市场的电价机制。由市场形成的价格机制进一步完备，体现电力商品多元价值，充分发挥市场价格信号对于电力发展、规划、投资和消费的引导作用。

发展目标	初步建成期（2024年—2025年）	全面建成期（2026年—2029年）	完善提升期（2030年—2035年）
总体要求	・初步建成全国统一电力市场。 ・电力市场顶层设计基本完善。 ・跨省跨区现货市场与省（区）/区域市场实现有序衔接、协同运行。 ・新能源参与市场规模显著提高，促进新能源、储能等发展的市场化交易和价格机制初步形成，监管效能不断提升。	・全面建成全国统一电力市场。 ・完善国家市场顶层设计"1+N"基础规则体系和全国统一的技术标准。 ・实现省级现货市场全覆盖。 ・推动跨省跨区市场参与省（区、市）/区域市场有机融合，联合运行。 ・推动跨省跨区电力市场化交易，形成国家电力市场。	・完善全国统一电力市场。 ・实现全国统一电力市场基本规则、统一技术标准、统一运营平台、统一运营监管。
市场体系	・省内市场探索中长期、现货、辅助服务市场连续运营、联合运营。 ・推进电力现货市场建设。 ・逐步提高跨省跨区交易的市场化程度。 ・推动区域内余缺互济和资源优化配置。	・完善区域电力市场建设，具备条件的区域探索建立区域市场交易，推动逐步扩大经营区区域市场常态化市场交易。 ・推动跨省跨区现货市场与省（区、市）/区域内现货市场联合运行，区域辅助服务市场建设更加完善。	・多层次市场全面融合，市场环境更加公平、更有活力。
交易品种	・深化电力中长期市场连续运营。 ・推进电力现货市场建设。 ・健全辅助服务交易品种。 ・完善容量电价市场。	・省内中长期现货交易日连续开市，现货市场基本覆盖全国，推动各类主体全面参与。 ・丰富辅助服务交易品种，具备条件的地区试点建立容量市场。	・形成电能量、容量、辅助服务、绿电证、输电权、电力期货等完备的交易品种体系。 ・品种设置更适应新型电力系统的交易多元价值，体现电力商品多元价值。
市场规模	・分类推动新能源、水电、核电等发电主体进入市场。 ・逐步扩大市场规模，扩大新型主体参与市场交易的范围。	・完善代理购电和保底供电机制，推动更多新型主体参与市场，交易规模持续扩大。	・实现各类主体、各类电源全面参与电力市场。
新能源入市	・明确新能源参与市场方式和网络路径。 ・探索新能源消纳市场合理收益保障机制。 ・加快研究沙戈荒大基地、分布式新能源参与市场机制。 ・健全可再生能源消纳责任制度、绿证交易制度。	・可再生能源消纳责任权重考核机制建立，绿色电力消费认证体系建立，新能源全面参与市场。 ・绿证的流动性进一步提升，应用场景更加丰富，交易规模持续扩大。	・创新适应新型电力系统的交易品种和市场机制。 ・深化完善可再生能源配额制及绿色电力证书制度。
电价机制	・科学合理设置电能量市场限价空间。 ・深化煤电容量电价机制，不断完善辅助服务价格形成机制。 ・提升跨省跨区电价传导灵活性。	・体现电力商品多元价值的电价机制基本形成，实现系统调节成本合理分担。	・由市场形成的价格机制进一步完善，充分发挥市场价格信号对于电力发展、规划、投资的引导作用。

图3-1　全国统一电力市场发展目标

四、近中期重点任务

（一）构建多层次统一电力市场架构

明确各层次电力市场的功能作用	引导各层次电力市场协同运行	有序推进跨省跨区市场间开放合作
夯实省（区、市）电力市场基础性作用	开展省（区、市）/区域市场标准化模式设计	逐步推动跨省跨区电力市场化交易
发挥区域电力市场余缺互济和资源优化配置作用	建立不同层次市场的有序衔接机制	扩大跨省跨区交易经营主体范围
发挥跨省跨区电力市场大范围优化配置作用		

1. 明确各层次电力市场的功能作用

夯实省（区、市）电力市场基础性作用。 优化省（区、市）内电力资源配置，提高系统运行效率和省内电力资源配置效率，保障省内电力电量供需平衡和安全供电秩序。

发挥区域电力市场余缺互济和资源优化配置作用。贯彻京津冀协同发展、长三角一体化、粤港澳大湾区建设等国家区域重大战略，结合电网技术经济特性，探索建立区域电力市场，作为全国统一电力市场的有机组成部分。

图 4-1 长三角电力市场暨省市间电力互济交易正式启动

发挥跨省跨区电力市场大范围优化配置作用。进一步完善跨省跨区中长期和省间现货交易机制；畅通国家电网、南方电网和内蒙古电网经营范围内的电力交易，推动省际跨经营区常态化市场交易，实现电力资源在全国更大范围内的互济和优化配置。

2. 引导各层次电力市场协同运行

开展省级市场标准化模式设计。推动建设"中长期＋现货＋辅助服务＋容量"的标准化电力市场架构，统一规范电力市场的交易周期、交易标的、交易平台等内容。中长期市场强化分时段交易，规范连续运营；推进现货市场标准化模式设计；因地制宜设置辅助服务交易品种，形成多品种市场高效衔接的标准化市场模式。

建立不同层次市场的有序衔接机制。推动跨省跨区与省（区、市）/区域市场有序衔接。完善各级申报、出清的市场协调运作模式，以跨省跨区交易作为省（区、市）内交易边界。探索在中长期、现货环节形成更为集中高效的申报和出清方式，逐步推动各层次市场从协同运行过渡到联合运行。

3. 有序推进跨省跨区市场间开放合作

逐步推动跨省跨区电力市场化交易。坚持市场在资源配置中起决定性作用，在落实电网安全保供支撑电源电量的基础上，逐步扩大跨省跨区市场化交易规模。优化完善跨省跨区输电价格机制，提升跨省跨区交易灵活性。

扩大跨省跨区交易经营主体范围。推动跨省跨区市场与省（区、市）/区域市场统一准入要求，研究建立多元经营主体参与跨省跨区交易机制，探索发电企业与售电公司、用户等开展省间直接交易，进一步丰富新型主体参与跨省跨区市场模式。

▶ （二）构建功能完备、品种齐全的市场体系

深化电能量市场建设运营	优化完善辅助服务市场建设运营	持续推进电力容量保障机制建设	探索建设输电权、电力期货等市场
·深化开展中长期市场连续运营。 ·加快推进电力现货市场建设。	·优化完善辅助服务交易品种。 ·健全辅助服务价格形成机制。	·深化完善容量电价机制。 ·深入研究中国特色的容量市场。	·研究探索建设输电权市场。 ·探索电力期货合约。

1. 深化电能量市场建设运营

深化开展中长期市场连续运营。推动中长期交易向更长周期（多年）、更短周期（D-2）双向延伸，实现按工作日连续开市。推动中长期市场向精细化、标准化转变，实现带曲线签约、分时段结算。建立灵活高效的合同调整和转让交易机制。

加快推进电力现货市场建设。推动现货市场按程序转入正式运行，在2029年前全国绝大多数省份电力现货市场正式运行。鼓励本地平衡较困难的地区探索与周边现货市场联合运行。推动南方区域电力市场建设，在2029年前实现正式运行。

2. 优化完善辅助服务市场建设运营

优化完善辅助服务交易品种。规范调峰、调频、备用等辅助服务市场交易机制，因地制宜推动灵活爬坡、转动惯量等辅

⌐ 2016年3月：广州电力交易中心正式成立，初期以组织跨省中长期交易为主；

⌐ 2022年1月：结合新形势、新要求，《南方区域电力市场建设工作方案》得到国家批复；

⌐ 2022年7月：南方区域电力市场启动试运行。

图4-2　南方区域电力市场建设进展

助服务市场的建设，探索建立一次调频、无功服务、黑启动的市场化采购机制。

健全辅助服务价格形成机制。合理设置辅助服务市场价格上限，原则上调峰服务价格上限不高于当地平价新能源项目的上网电价，备用服务价格上限不超过当地电能量市场价格上限。结合各地现货市场建设进展，合理确定费用疏导机制，推动辅助服务费用规范有序传导。加快完善辅助服务与电能量市场的联合出清机制。

3.持续推进电力容量保障机制建设

深化完善容量电价机制。结合各地区能源转型进度动态调整容量电价水平、适用范围和考核机制。

深入研究中国特色的容量市场。逐步由容量电价机制向多类型主体参与的容量市场机制过渡。建立电力系统充裕度评估机制，引导增量电源合理建设，激励新能源等更多主体提升可信容量水平，开展电力容量市场探索。

4. 探索建设输电权、电力期货等市场

研究探索建设输电权市场，探索输电通道市场化使用方式，逐步形成更加灵活的输电权分配机制。研究电力期货合约，发挥电力期货在发现价格、对冲风险方面的作用，为发电企业、售电主体和用户提供远期价格基准。

▶（三）构建适应绿色低碳转型的市场机制

1. 推动清洁能源有序参与市场

建立健全可再生能源消纳政策机制。落实用户侧主体可

再生能源消纳责任，研究建立可再生能源消纳责任权重机制与绿电绿证市场相结合的市场模式，形成以绿证作为履行消纳责任的主要手段、体现可再生能源绿色价值的市场机制体系。拓宽绿电绿证应用场景，激发用户可再生能源消费需求。

优化完善适应新能源特性的市场机制。优化市场组织方式，缩短交易周期，提高交易频率，更好适应新能源出力波动性、间歇性的特点。建立健全新能源进入市场的价格机制，促进市场交易与保障性收购政策的有序衔接，保障新能源的可持续发展。

推动清洁能源逐步转为市场化消纳。统筹新能源入市节奏和规模。2025 年前，新能源市场化消纳占比超过 50%；2029 年前，实现新能源全面参与市场。稳妥推进水电、核电和分布式新能源市场化步伐，在保障能源安全的基础上按需入市。

2. 完善大型风光基地参与市场的方式

健全完善大型风光基地电力交易机制。规范省间送电长期协议，明确各方权利义务。通过省间年度、月度交易满足受端省购电需求，推动购售双方签署政府授权的中长期购电合同。推动大基地富余电力通过省间、省内电力市场灵活开展多种交易。

探索建立大型风光基地多类型主体联合参与的市场机制。探索风电、光伏、煤电、储能等多类型主体联合参与市场的方式，通过聚合有效提升电力平衡能力，提高新能源参与市场的稳定性，实现各类主体之间利益共享和风险共担。

图 4-3　全国首个"风火储"沙戈荒新能源基地项目——位于内蒙古锡林郭勒盟的华能北方上都百万千瓦级风电基地

图 4-4　全球最大单体农光互补电站——位于宁夏银川的宝丰农光一体光伏电站

3.优化完善绿电绿证交易

持续扩大绿电交易规模。进一步扩大省间绿电供给，推动发电企业与跨省区用户直接签订绿色电力交易合同，促进绿电在更大范围优化配置。持续扩大省内绿电交易规模，推动绿电交易向长周期、精细化方向发展，鼓励电力用户与新能源发电企业签订多年期购电协议。

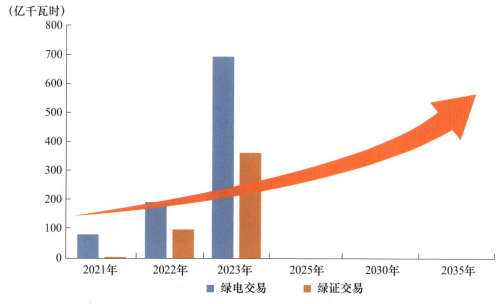

图 4-5　绿电、绿证交易规模实现跨越式增长

完善绿证核发和交易机制。推进可再生能源绿色电力证书全覆盖，研究建立反映核电绿色价值的政策机制。探索提升绿证交易流通性的交易机制。完善绿证标记信息，形成完整的绿色电力消费标准体系。

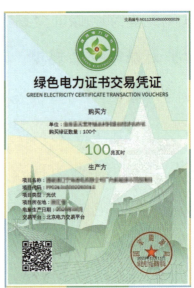

图 4-6 绿色电力证书和交易凭证

（四）构建系统安全充裕、灵活互动的市场机制

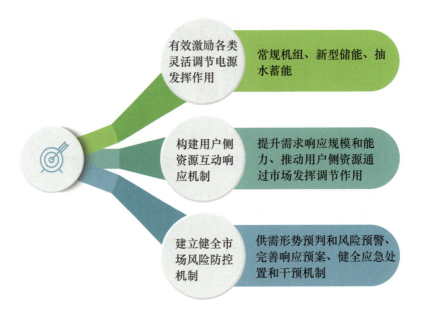

1. 有效激励各类灵活调节电源发挥作用

合理反映常规机组容量和调节价值。建立健全容量电价

机制，有效保障电力系统容量充裕度。在完善容量电价机制基础上，探索建立容量市场。完善辅助服务市场机制，根据系统实际需求创新辅助服务品种，引导和激发调节资源参与调节。

丰富新型储能参与市场的方式。推动新型储能参与电力市场，结合新型储能特点完善电力现货市场、辅助服务市场和容量市场机制，明确各类新型储能参与市场的方式、价格机制、成本分摊及疏导机制，引导新型储能参与系统调节。

建立发挥抽水蓄能电站调节能力的市场机制。初期，抽水蓄能电站作为承担保障义务的特殊经营主体，以调度调用为主，鼓励自愿参与电力市场。逐步推动抽水蓄能电站作为独立经营主体参与市场，在现货市场中通过报量报价充分发挥系统调节能力。

图 4-7　湖南黑麋峰抽水蓄能电站

2.构建用户侧资源互动响应机制

提高需求响应规模和管理能力。完善需求响应资源分级分类管理机制，形成稳定可靠的资源库，健全多元主体参与需求响应的准入条件，积极培育储能、数据中心、5G基站、电动汽车、冷链冷库等新型主体，进一步扩大需求响应资源池规模和范围。到2025年，各省需求响应能力达到最大用电负荷的3%～5%，其中年度最大用电负荷峰谷差率超过40%的省份达到5%及以上。

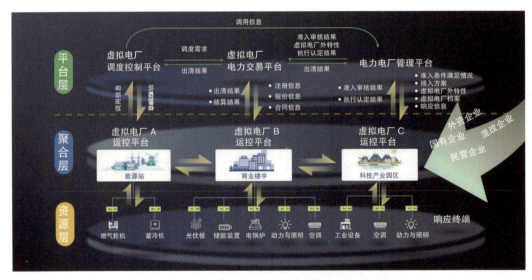

图4-8　上海虚拟电厂运营体系示意图

加快推动用户侧资源通过市场发挥调节作用。推动用户侧参与电力市场，在已开展现货市场的地区，推动用户侧主体报量报价参与市场；在未开展现货市场的地区，开展分时段交易及结算，引导用户侧削峰填谷。探索用户侧调节资源的省间互济共享机制。

3. 建立健全市场风险防控机制

对各类市场运行情况及时进行监测分析，做好供需形势预判和风险预警。完善各级响应预案，建立以防为主、防治结合的全过程市场运营异常情况处理机制。针对可能存在的市场不完善、市场失灵等特殊情况，健全应急处置和干预机制。

▶ （五）构建统一开放、公平有序的市场运营机制

1. 规范统一电力市场基本规则和技术标准

强化电力市场基本规则的规范统一。 持续完善全国统一电力市场基础规则体系。推动各省（区、市）结合本地电力供需形势和市场发展阶段，在遵循国家层面基本规则的基础上，制定（修订）各省（区、市）配套细则。

推动电力市场技术标准的规范衔接。完善电力市场技术标准体系，推动电力市场各类名词概念、定义、技术和数据标准总体一致、有效衔接，促进技术、数据等要素在更大范围内合理利用和共享。

2.提高电力市场交易组织和调度运行效率

不断优化市场交易组织流程和标准。设计推广标准化中长期交易品种与交易流程，提升中长期交易组织标准化水平。推广多通道集中交易等灵活交易方式，提升交易组织效率。

强化市场交易与调度运行协同。在保障电网安全运行和电力可靠供应的前提下，加强电力交易中心与电网企业业务协同，统筹优化电力市场与电网调度运行业务流程，推动信息的互联互通。

3.加强电力市场交易结算管理

不断优化统一结算标准化方式和科目。逐步推动结算周期统一化，推广各级市场"日清分、月结算"标准化设计，完善统一结算科目和交易结算依据内容、电费账单式样，固化结算科目和结算编码，形成统一的行业规范标准。明确各类结算科目具体应用场景，各级电力交易机构依据标准规范开展交易清分结算。

4.构建统一规范的电力市场信息披露体系

完善统一市场信息披露工作制度。落实信息披露制度要求，规范披露流程，依法依规、分类分级披露各类市场信息。落实信息安全保密责任，健全信息安全保障机制，确保市场信息安全可控。以电力市场信息披露基本规则为依据，更新完善电力市场信息披露相关细则与规范，推进信息披露全流程规范管理。

高效建设多元信息披露平台。依托各级电力交易平台搭建统一信息披露平台，在保障信息安全的前提下提供数据接口服务，提升信息披露自动化水平，提高信息披露效率。进一步拓展信息披露渠道，提升经营主体信息发布和获取的便利性。

建立信息披露评价与服务体系。将经营主体信息披露成效纳入经营主体信用评价体系，对经营主体信息发布的完整性、准确性和及时性进行监测。探索建立市场信息服务机制，鼓励经营主体利用信息披露平台快速、精准匹配交易需求。

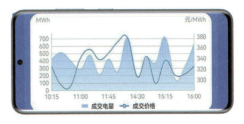

图 4-9　交易机构依托"e-交易"打造全景式信息披露功能

5.提升电力市场人才队伍和服务能力建设

构建电力市场专业人才培育体系。完善电力市场专业培训认证体系，建立专业题库和师资库，定期开展专业培训与竞赛，提升电力市场从业人员的专业能力素质。建立电力市场交易员执业标准和资质认证体系，推动交易员持证上岗。

优化完善电力市场全方位服务渠道。建立健全电力交易服务热线运营机制。搭建功能完整、服务规范、办理高效的现代化电力交易平台。加强电力市场服务能力建设，拓展服务渠道和内容。

6.加强平台和技术支撑能力建设

统一电力交易业务平台入口。提升电力交易业务"一站式"服务能力，搭建入口统一、高效协同的电力交易平台，实现经营主体信息"一地注册、信息共享"。打通交易业务数据交互壁垒，在保障信息安全的前提下，畅通电力交易平台与电网企业各专业系统、经营主体技术支持系统的交互通道，推动数据流互联互通。

提升电力交易平台支撑能力。优化交易平台基础架构，不断提高平台业务承载能力，满足短周期、高频次、多品种的电力交易业务需求。在出清模型优化、市场运营分析、绿电绿证溯源、市场服务等方面提升交易平台支撑能力。

▶ （六）构建批发与零售市场顺畅协调的衔接机制

做好批发、零售市场统筹衔接。充分发挥售电公司作为批发市场与零售市场的桥梁作用，进一步优化电力批发市场与零售市场间的价格传导机制，引导零售用户根据批发市场信号参与系统调节，促进售电公司和电力用户形成激励相容、风险共担的合作关系。

丰富电力零售交易品种。推广应用标准化零售套餐，引导通过个性化配置，满足不同特性用户主体差异化签约需求。推广绿色电力套餐，满足零售用户绿电消费需求。

提升零售市场服务能力。进一步简化零售市场业务流程，优化电力交易平台功能，打造移动端线上零售商城，提供合同签约、用电数据和零售结算依据查询等"一站式"服务。全面、及时地向经营主体披露零售市场运营信息。完善代理购电用户入市服务机制，逐步缩减代理购电规模。完善零售市场履约保障机制，充分发挥履约保函（保险）风险规避作用。

图 4-10　电力零售交易平台为用户提供线上一站式服务

▶（七）构建统筹衔接的政策、管理和市场体系

电力市场与电力发展
的统筹衔接

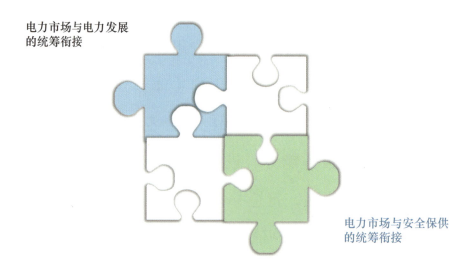

电力市场与安全保供
的统筹衔接

1. 做好电力市场与电力发展的统筹衔接

建立电力市场对电力规划的反馈机制。 提升电力规划对市

场的适应性，将市场价格信号作为各地区新增电源接入空间评估、电网规划的重要依据，引导网源协同发展。

2. 做好电力市场与安全保供的统筹衔接

强化电力市场对电力保供的支持作用。发挥中长期市场保障供应、稳定价格的压舱石作用，加强现货市场价格信号的引导、促进电力平衡的风向标作用，强化辅助服务市场激发系统调节能力的调节器作用，提升跨省跨区中长期市场和省间现货市场实现更大范围资源优化配置能力。

▶ （八）构建科学高效的市场监管体系

1. 强化电力市场监管职能

提升电力市场监管效能。强化电力交易和市场秩序常态化监管，加强对电力市场运行情况的监测，提升市场监管的精准性和规范性。针对电力市场运行中存在的规则执行不到位、不当干预市场竞争、信息披露不到位、限制市场竞争等问题开展专项监管，维护公平竞争的市场环境，依法严肃查处违法违规行为。

完善电力市场监管方式。 强化电力市场科学监管能力建设，创新过程监管、数字化监管、穿透式监管、跨部门协同监管等监管方式，推进数字化监管平台建设，常态化监管和专项监管相结合，线上监管与线下监管相结合，形成全方位监管合力。

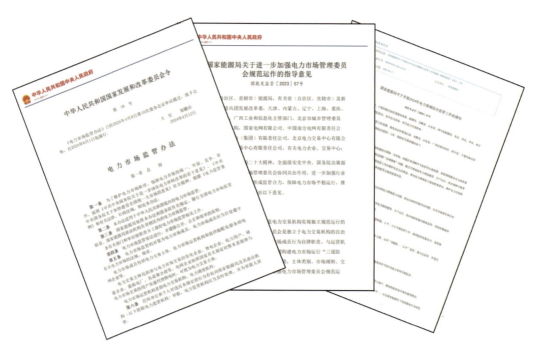

图 4-11　电力市场监管相关制度与工作

健全电力市场监管制度。进一步完善市场监管依据的法律法规体系，确保监管机构权责明确、有法可依，公平、公正开展监管工作。持续完善监管办法和标准体系，推动市场监管统一尺度、统一标准。积极培育第三方监管力量，建立健全市场成员行为自律职责，充分发挥市场管理委员会在市场监管中的积极作用。

2. 加快电力市场信用体系建设

　　建立完善信用监管机制。积极推进全国统一电力市场信用体系建设，逐步构建以信用为基础的电力市场监管机制。实现信用信息平台互联互通，完善信用信息归集共享机制。完善电力市场信用评价体系，建立标准化的经营主体信用评价机制，推动分级分类监管。建立守信激励、失信惩戒的市场信用管理机制，强化交易履约监督和诚信缺失问题治理，保障市场有序高效运行。

　　强化电力市场信用评价工作的公信力。全面提升电力市场信用体系数字化基础设施建设，推动全国电力市场信用数据的联通联动。建立专业化的电力市场信用评级机构或部门。健全经营主体自律和社会监督机制，提升市场交易的透明度与公平性。

图 4-12   全国统一电力市场信用体系

3.建立健全电力市场评价体系

完善电力市场评价机制。建立与全国统一电力市场相配套的市场评价指标体系，对电力市场建设运行情况进行动态监测和定期评估，及时、客观反映省（区、市）/区域市场和跨省跨区市场建设运营情况。

建立电力市场评价反馈机制。基于电力市场评估结果，及时对相关电力市场政策规则进行修订，增强评估结果的代表性和公信力，提升电力市场规则体系的灵活性和适应性，促进电力市场公平、高效、可持续发展。

后 记

　　本次《全国统一电力市场发展规划蓝皮书》编写聚焦统一电力市场建设关键问题，不仅是对我国电力市场化改革的全面总结回顾，更是对党的二十届三中全会精神的贯彻响应与实践。本书结合我国电力市场发展实际，汇聚多方智慧，广泛汲取国内外先进经验，贡献具有前瞻性和实操性的改革蓝图，为全国统一电力市场建设发展提供了科学指导和有力支撑。

　　同时，我们也清醒地认识到，"双碳"目标背景下，电力市场化改革是一个复杂的系统工程，新型电力系统对电力市场建设提出了更高的要求。随着新能源逐步转为主体能源，不仅要求我们在技术上不断突破，更需在市场机制上勇于破冰。未来，我们将持续深化适应新能源为主体的新型市场机制、电力市场价格机制、电碳市场协同机制等关键领域的研究，不断开展引入电力金融衍生品等诸多创新探索。

　　《全国统一电力市场发展规划蓝皮书》的完成并非终点，而是新的起点。面对未来的挑战与机遇，我们诚挚地邀请每一位关心电力市场发展的朋友，携手并进，凝心聚力深耕全国统一电力市场，笃行不息共谱电力改革时代华章。